BEI GRIN MACHT SICH IHR WISSEN BEZAHLT

- Wir veröffentlichen Ihre Hausarbeit, Bachelor- und Masterarbeit

- Ihr eigenes eBook und Buch - weltweit in allen wichtigen Shops

- Verdienen Sie an jedem Verkauf

Jetzt bei www.GRIN.com hochladen und kostenlos publizieren

Dominik Di Vincenzo

Aus der Reihe: e-fellows.net stipendiaten-wissen

e-fellows.net (Hrsg.)

Band 1038

C2X-Kommunikation. Auswirkungen der Vernetzung von Fahrzeugen auf die Architektur und Kommunikationsanforderungen

GRIN Verlag

Bibliografische Information der Deutschen Nationalbibliothek:

Die Deutsche Bibliothek verzeichnet diese Publikation in der Deutschen National-bibliografie; detaillierte bibliografische Daten sind im Internet über http://dnb.d-nb.de/ abrufbar.

Impressum:

Copyright © 2014 GRIN Verlag GmbH
Druck und Bindung: Books on Demand GmbH, Norderstedt Germany
ISBN: 978-3-656-84038-1

Dieses Buch bei GRIN:

http://www.grin.com/de/e-book/283935/c2x-kommunikation-auswirkungen-der-vernetzung-von-fahrzeugen-auf-die-architektur

Car-to-X-Kommunikation

Studienarbeit zur Analyse der Auswirkungen der Vernetzung von Fahrzeugen auf die Architektur und Kommunikationsanforderungen

Software Engineering 2, 7.Semester , WI7INF

25.06.2014

Verfasst von: Dominik Santo Giuseppe Di Vincenzo

Inhaltsverzeichnis

Car-to-X Kommunikation

1. Einleitung

1.1 Ausgangssituation

Die Vernetzung der Fahrzeuge erfüllt das Bedürfnis der Gesellschaft, auch im Auto „on" zu sein. Die Kunden haben beim Autokauf zunehmendes Interesse an integrierten Kommunikationstechnologien, wie sie beim Smartphone und Tablet bereits zum Alltag gehören. Um die aktive Sicherheit im Straßenverkehr zu steigern, sollen Autos mit Assistenzsystemen untereinander und auch mit der Verkehrsinfrastruktur kommunizieren können. Konkret heißt das: Jedes Auto muss in der Lage sein, mit eigenen Sensoren gesammelte Informationen über den Zustand von Straßen oder Verkehrslagen den anderen Verkehrsteilnehmern mitzuteilen.

Die Automobilhersteller und Zulieferer entwickeln derzeit mit Hochdruck Lösungen zur weiteren Vernetzung des Verkehrs und Automobils. Die kommende Stufe der digitalen Vernetzung verbindet unterschiedlichste Verkehrsmittel, die Infrastruktur, den Gütertransport und individuelle Mobilitätsanforderungen in einem voll synchronisierten Gesamtsystem. Die Nutzung von Verkehrsinformationen, die zuvor bestenfalls lose miteinander verknüpft waren, erfährt durch Integration und Abstimmung in Echtzeit einen enormen Effizienzsprung. So werden Staus und Unfälle frühzeitig vermieden und schädliche Emissionen eingespart. Die Folgekosten von hohen Verkehrsaufkommen werden für die gesamte Volkswirtschaft spürbar reduziert.

Infolge der EU Klimaschutzvorschriften gilt seit vergangenem Jahr mit 95 Gramm/km ein verschärfter Grenzwert für den durchschnittlichen Flottenverbrauch an CO_2-Emissionen von Neufahrzeugen bis 2020 [1]. Automobilhersteller kämpfen erbittert, um diesen Grenzwert zu erreichen und hohe Strafzahlungen zu vermeiden. Nachdem Elektrofahrzeuge und Hybride jedoch eine besondere Mehrfachanrechnung (doppelt) bei der Berechnung des Flottenverbrauchs erhalten, unternehmen die Hersteller enorme Anstrengungen Innovationen und Dienstleistungen im Mobilitätsbereich zu entwickeln.

1.2 Relevanz der C2X-Kommunikation

Das Bestreben europäischer Unternehmen und Regierungen eine erhöhte Verkehrssicherheit und Effizienz im Straßenverkehr zu gewährleisten, geht einher mit der Bereitstellung vielfältiger, gezielter Informationen sowie Entertainmentanwendungen für den Fahrzeugfahrer. Weitere Anwendungen wie eine Fahrzeugferndiagnose der Automobilhersteller zum frühzeitigen Erkennen von Fehlern und Planung von Werkstattbesuchen, sollen jedoch primär den Zweck der Unfallvermeidung gerecht werden. Laut einer Veröffentlichung des Statistischen Bundesamtes zum Unfallgeschehen auf deutschen Straßen im Jahre 2012 [2] S. 5–20 belief sich die Anzahl der Verkehrsunfälle mit Personenschaden auf gut 291000, wobei 3340 Personen ihr Leben verloren. Durch die Unfälle entstand ein volkswirtschaftlicher Schaden von über 30 Milliarden Euro, was mehr als 1% des Bruttoinlandprodukts Deutschlands entspricht. Damit lag Deutschland im Vergleich zu den 28 europäischen Staaten gerade mal auf Platz 23(s. A3, [3])Als Hauptunfallursachen wurden Fehlverhalten der Fahrzeugführer, wie zu geringer Abstand zum Vordermann, Abbiege- und Wendemanöver sowie Geschwindigkeitsüberschreitungen festgestellt. Dabei lässt sich ein positiver Trend erkennen, dass weniger Leute bei Verkehrsunfällen ums Leben kommen als noch vor ein paar Jahren. Während die Anzahl der Verkehrsunfälle (2005-2012) um gut 13% sank, gab es im gleichen Zeitraum 38% weniger Todesopfer. Die Bundesregierung hat sich in ihrem Verkehrssicherheitsprogramm von 2011 vorgenommen, die Zahl der Todesopfer bis zum Jahr 2020 um 40 % zu senken [2] S. 9. Eine sicherlich entscheidende Maßnahme auf dem Weg dorthin sind intelligente Fahrerassistenzsysteme, wie sie im Rahmen der C2X-Kommunikation entwickelt werden.

1.3 Zielsetzung der Arbeit

Im Rahmen dieser Studienarbeit sollen mithilfe einer Auswertung des Car-to-Car Communication Consortium Manifesto v1.1 (C2C-CC) [4] zunächst verschiedene, standardisierte Kommunikationsmöglichkeiten und Szenarien der Car-to-X Kommunikation vorgestellt und daraus ableitbare Anforderungen an die Systeme erläutert werden. Daraufhin wird anhand eines konkreten Anwendungsfalles aus der Praxis der Car-to-Infrastructure Kommunikation analysiert, wie sich die Anforderungen auf die Software Architektur auswirken und diese wiederum auf die Anforderungen an die Kommunikations-Technologien. Es werden Funktionen untersucht, die durch Kommunikation zwischen Fahrzeugen oder zwischen Fahrzeug und Infrastruktur besser umgesetzt werden können oder überhaupt erst ermöglicht werden. Abschließend wird der Anwendungsfall vor dem Hintergrund des Datenschutzes sowie künftiger Herausforderungen innerhalb der Car-to-X Kommunikation diskutiert.

2. Theoretische Grundlagen der Car-to-X Kommunikation

In diesem Kapitel werden die von der Car-to-Car Communications Consortium (C2C-CC) definierten Standardszenarien aus den drei Anforderungsbereichen Sicherheit, Verkehr und Infotainment vorgestellt. Sie dienen bei der C2C-CC für das bessere Verständnis welche Anforderungen in der Car-to-X Kommunikation umgesetzt werden müssen. Des Weiteren werden die Begrifflichkeiten eingeführt, wie sie im Zusammenhang mit der C2X-Kommunikation verwendet werden und die Anwendungsfälle vorgestellt.

2.1 Definitionen

2.1.1 Connected Cars

Der Begriff „Connected Car" ist bisher nicht eindeutig bestimmt. Es handelt sich um einen Sammelbegriff, der die Vernetzung des Fahrzeuges und seiner Systeme untereinander sowie die Kommunikation mit externen Systemen bzw. Fahrzeugen sowie Infrastruktur umfasst. Auch die Anbindung von Multimediasystemen, Mobiltelefonen und die Anbindung ans Internet fallen unter diese Definition.

2.1.2 Das Car-to-Car Communication Consortium

Folgende Grafik veranschaulicht die Konsortien und Projekte, die aktuell weltweit zum Thema Car2X-Kommunikation zugange sind:

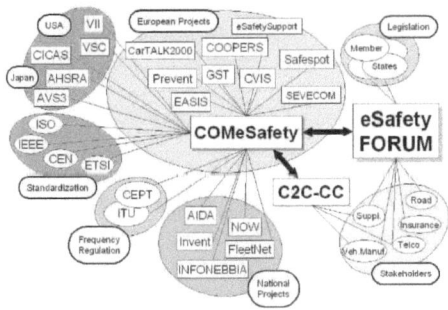

Abb. 1: COMeSafety Projektübersicht [5] S. 17

Das CAR 2 CAR Communication Consortium (C2C-CC) wurde auf die Initiative europäischer Automobilhersteller gegründet. Die Ziele des Konsortiums sind es [6]:

- einen europäischen Industriestandard für C2X Kommunikation und die Entwicklung aktiver Sicherheitsfunktionen bei der Spezifikation, dem Prototyping und der Demonstration zu unterstützen,
- ein europaweites Frequenzband zu reservieren,
- die weltweite Harmonisierung von C2X Standards voranzutreiben sowie
- realistische Einführungsszenarien und Geschäftsmodelle zu entwickeln, um eine Markteinführung zu unterstützen.

Mitglieder des Konsortiums sind neben Automobilherstellern (u.a. BMW Group, Audi, MAN) auch Zulieferer (u.a. Bosch, Continental, Vector) und Forschungsinstitute (u.a. TUM, Frauenhofer Institute)[7]. Die Ansätze des Konsortiums bilden zusammen mit der COMeSafety Architektur [5] die Grundlage für das Design des C2X Kommunikationssystems, welches im Rahmen der Arbeit vorgestellt wird. Auf die Architektur wird in Abschnitt 3.2 gesondert eingegangen.

2.1.3 Car-to-X Kommunikationskonzepte

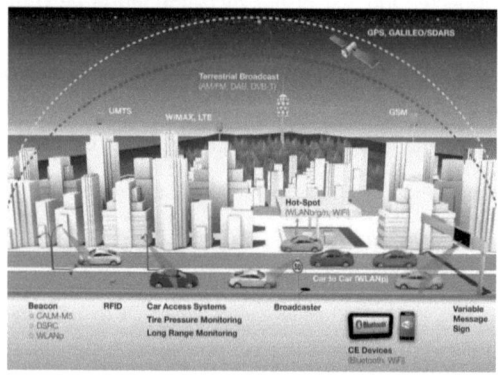

Abb. 2: Car-to-X Kommunikation [8]

Die Vernetzung des Automobils mit seiner Umgebung sowie dem Internet ist heutzutage im vollen Gange und offenbart einige typische Kommunikationskonzepte. Der Oberbegriff „Car-to-X" beschreibt hierbei die diversen Kommunikationstechniken aus der Automotive-und Verkehrstechnik. Folgende Tabelle gibt dabei einen schematischen Überblick:

Car-to-X-Konzept	Kommunikation
Car to Car	Die Kommunikation zwischen (zwei) Fahrzeugen. Austausch von Informationen über Verkehrslage und Fahrtrichtung
Car to Enterprise	Kommunikation mit dem Unternehmen. Zugriff auf den

	Firmen-PC und Server in der Firma.
Car to Home	Kommunikation mit Zuhause. Zugriff auf Privat-PC, Alarmanlage, Heizung, uvm.
Car to Infrastructure	Kommunikation von Fahrzeug zu Infrastruktur-Komponenten. Infos über Verkehrslage.
Car to Mobile	Zugang zu Mobilfunknetzen und Mobilgeräten
Car to Roadside	Entspricht der Car-to-Infrastructure-Kommunikation
Car to X	Allgemeines Konzept für Connected Cars

Tabelle 1: Car-to-X Kommunikationskonzepte (Eigenentwurf)

2.1.4 Car-to-X-Kommunikation

Der Begriff Car-to-Car Kommunikation (Car2Car oder C2C), im Englischen Vehicle-to-Vehicle (V2V), ist der Informations- und Datenaustausch zwischen Fahrzeugen mit dem Ziel, Fahrer frühzeitig vor Gefahren und Risiken zu warnen. Seit mehreren Jahren entwickeln neben großen Automobilherstellern, Zulieferer, technische Hochschulen bzw. Institute auch weitere Industrien (z.B. Google, Apple) an derartigen Car-to-X-Kommunikations-Systemen.

Die Car2Car Kommunikation verfolgt vorrangig folgende Ziele:

- Unfallvermeidung und Stauvermeidung
- Erhöhung der Sicherheit und Effizienz im Straßenverkehr
- Kommunikation der Verkehrsteilnehmer in Echtzeit (z.B. Gefahrenmeldung)
- Warnung bei Verkehrsrisiken

Die Fahrzeuge von morgen kommunizieren drahtlos untereinander per Wireless-LAN 5,9 GHz und sind zusätzlich mit einem GPS-Sender ausgestattet. Der Austausch der Daten zwischen den Fahrzeugen läuft über „Ad-hoc"-Netzwerke. Wichtige Gefahrenmeldungen werden wie ein Staffelstab von einem Fahrzeug zum anderen weitergeleitet, da ein Fahrzeug gleichzeitig Sender und Empfänger ist. Kommt ein Auto beispielsweise in einen Stau, erkennt das Navigationssystem die Situation und der Bordcomputer gibt eine aktuelle Lokale Verkehrsmeldung per WLAN an andere Fahrzeuge in der Umgebung weiter.

2.2 Szenarien in der C2X Kommunikation

Die Car2X-Kommunikation ermöglicht, wie anschaulich in Abbildung 2 dargestellt, neue Use Cases zur Erreichung erhöhter Verkehrseffizienz, Verkehrssicherheit und die Bereitstellung von Informationen oder Unterhaltung (Infotainment). Das C2C-CC stellt hierfür beispielhaft einige typische Use Case Szenarien auf, welche die Auswirkungen der Use Cases auf die Anforderungen an das System herausstellen [4] S. 12–17. Dies soll unterstreichen, dass die C2X-Kommunikationssysteme nicht nur auf Basis dieser Anforderungen entstanden sind, sondern auch in Zukunft auf Basis dieser abgeleitet werden müssen.

In den Use Cases der C2X-Kommunikation nehmen vorrangig folgende Akteure teil:

- Fahrzeugfahrer
- Sog. „Road Operator" als Verkehrsleitsystem
- Hotspot (HS) und Internet Service Provider (ISP)

Dabei lassen sich die Use Cases in die drei Anforderungsbereiche Sicherheit, Verkehrseffizienz und Infotainment kategorisieren. Daraus abgeleitete System-Anforderungen spiegeln sich in den Architekturen wider und wirken sich wiederum auf Anforderungen an die Kommunikations-Technologien aus. Eine detaillierte Beschreibung der standardisierten Use Cases und deren jeweiligen Anforderungen werden im Anhang A1 dargelegt.

2.3 Anwendungsfälle

In diesem Kapitel werden ausgehend von den Szenarien (Kap.2.2 bzw. A1), die 6 Anwendungsfälle gemäß C2C-CC überblicksartig dargestellt [4] S. 38–57. Die Anwendungen generalisieren die Szenarios, fassen sie in Gruppen zusammen und repräsentieren Funktionalitäten, die künftig umgesetzt werden sollen.

Vehicle 2 Vehicle Cooperative Awareness:

Unterstützt das Austauschen von Informationen zwischen Fahrzeugen ohne dauerhafte Verbindung.

Beispiele: V2V Merging Assistance, Cooperative Forward Collision Warning, Emergency Electronic Brake Lights, V2V Lane Change Assistance, Approaching Emergency Vehicle Warning, Highway/Rail Collision Warning, Wrong Way Driving Warning, Cooperative Glare Reduction, Cooperative Adaptive Cruise Control

Vehicle 2 Vehicle Unicast Exchange:

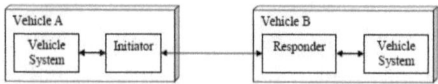

Ermöglicht die Verbindung zwischen Fahrzeugen zum Informationsaustausch. Besteht aus den vier Phasen Entdeckung, Verbindung, Aufrechterhaltung und Schließung.

Beispiele: Pre-Crash Sensing/Warning, V2V Merging Assistance, Cooperative Vehicle-Highway System (Platoon), Instant Messaging

Vehicle 2 Vehicle Decentralized Environmental Notification:

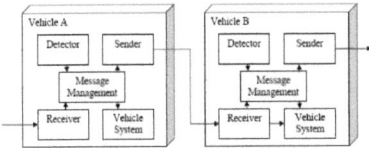

Stellt Informationen über Ereignisse und Straßeneigenschaften zur Verfügung, die für bestimmte Zeit in einer bestimmten Region interessant für Fahrzeuge oder Fahrer sind.

Beispiele: Slow Vehicle Warning, Post-Crash Warning, In-Vehicle Ambert Alert, Safety Recall Notice, Traffic Jam Ahead Warning, Hazardous Location V2V Notification, Safety Service Point, Decentralized Floating Car Data

Infrastructure 2 Vehicle (One-Way):

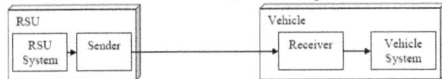

Unterstützt Kommunikation von RSUs zu Fahrzeugen ohne dauerhafte Verbindung zwischen diesen.

Beispiele: Hazardous Location I2V Notification, Green Light Optimal Speed Advisory, V2I Traffic Optimization

Local RSU Connection:

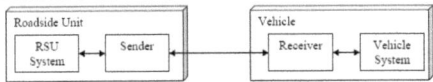

Daten werden von Fahrzeug zu RSU gesendet, oder in beide Richtungen.

Beispiele: Automatic Access Control, Personal Data Synchronization at Home, Infrastructure-based Cooperative Merging Assistance, Remote Diagnostics, Free-flow Tolling, Drive-through Payment, Remote Diagnostics, Vehicle Computer Program Updates, Signal Violation Warning/Signal Preemption

Internet Protocol Roadside Unit Connection:

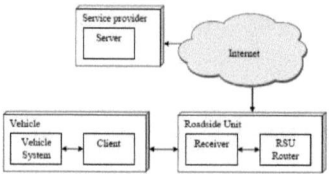

Unterstützt Services, die dem Fahrer von Servern im Internet angeboten werden. *Beispiele:* SOS Services, Just-In Time Repair Notification, Media Download, Map Downloads and Updates, Enhanced Route Guidance and Navigation, Fleet Management, Instant Messaging

3. System Architektur der Car2X Kommunikation

In diesem Kapitel soll untersucht werden, wie sich die Anwendungsfälle (Kap.2.3) aus den standardisierten Szenarien der Car2X-Kommunikation auf die Architektur auswirken. Dabei wird zunächst ausgehend von der C2C-CC Referenzarchitektur das Referenzmodell gezeigt, welche Komponenten hierzu benötigt werden. Daraufhin wird anhand eines konkreten Anwendungsfalls analysiert, wie die C2X-Architektur darin verwirklicht wird und welche Anforderungen an die Kommunikation sich hieraus ergeben.

3.1 Komponenten der C2C-CC Referenzarchitektur

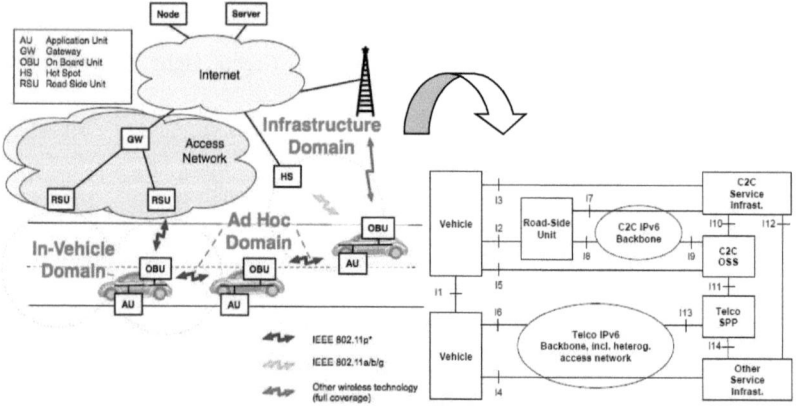

Abb. 3: Referenzarchitektur-Entwurf [4] S. 27   Abb. 4: Referenzmodell [4] S. 28

Abbildung 3 zeigt die Referenzarchitektur und deren Komponenten für die C2X-Anwendungen, woraus sich das schematische Referenzmodell ableitet (Abb.4). Folgende drei Domains korrelieren nicht mit den Szenarios, da sie technische

Einheiten zusammenfassen und sich somit ein Szenario in mehreren Domänen abspielen kann [4] S. 25ff:

1) **In-Vehicle Domain**

Die In-Vehicle Domain beschreibt die Komponenten innerhalb des Fahrzeugs und besteht im Wesentlichen aus der sogenannten OnBoard Unit (OBU) und der Application Unit (AU). Die Application Unit beinhaltet das User-Interface, also die Komponenten mit denen die Passagiere die OnBoard Units bedienen können(z.b. fest eingebaute Komponenten/ portable Geräte wie Navigationssysteme, PDA's, Smartphones o.ä.).

Die OnBoard Unit ist für die Kommunikation verantwortlich. Sie steuert die Kommunikation zwischen Fahrzeugen, Fahrzeugen und Road Side Units (RSU) und übermittelt Daten an die Applikation Unit, was vorwiegend kabelgebunden ist.

2) **Ad-hoc Domain (VANET)**

Die Ad-hoc Domain setzt sich aus den OBUs und RSUs zusammen. Die einzelnen Units bilden das Ad-hoc Fahrzeugnetz (VANET). Das Ad-hoc Netz ermöglicht die Kommunikation der Units ohne eine zentrale Kommunikationseinheit. OnBoard Units stehen entweder über eine direkte, drahtlose Verbindung in Kontakt oder indirekt über multi-hop Kommunikation. RSUs können dabei zur Erhöhung der Kommunikationsreichweite dienen.

3) **Infrastructure Domain**

Die Infrastructure Domain beinhaltet die kabellose Kommunikation mit RSUs und Hotspots. Zusätzlich können andere Funktechniken genutzt werden, z.B. GSM, GPRS, UMTS, HSDPA, WiMax und 4G. Im Vordergrund stehen Internetzugang im Fahrzeug und weitere ad-on Services.

3.2 Analyse der Auswirkung von Anwendungen auf die Architektur und Kommunikationsanforderungen

3.2.1 Echtzeitfähige Car2X-Kommunikationsabsicherung & E/E Architekturintegration

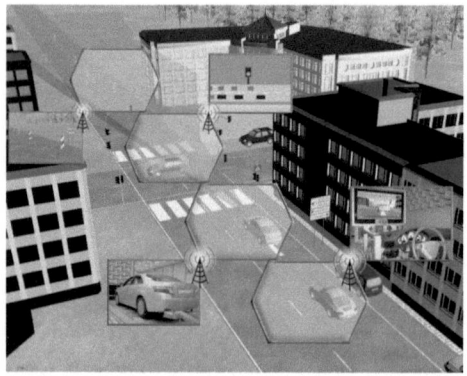

Abb. 5: Austausch von Echtzeitinformationen im Straßenverkehr [9] S. 70

Die aus den Szenarien (Kap.2.2) und Anwendungen (Kap.2.3) resultierenden Anforderungen an die Architektur, wie u.a. extrem schneller Informationsaustausch und -bewertung sowie sicherheitsrelevante Beurteilung machen deutlich, dass die Größe und Komplexität der Systemarchitektur enorm hoch ist. Seit Jahren beschäftigen sich Forschungsgruppen national und international mit vielversprechenden Projekten von der Erprobung bis hin zur Standardisierung der Systeme in der C2X Kommunikation, wobei deutlich wird, dass ein wesentlicher Erfolgsfaktor die Echtzeitfähigkeit des System bei der Kommunikation sowie Signalverarbeitung ist. Denn meist geht es hier um sicherheitskritische Entscheidungen, die in Bruchteilen von Sekunden getroffen werden müssen.

Nachdem sich beispielsweise an Straßenkreuzungen (vgl. Abb.5) mehrere Fahrzeuge gleichzeitig nähern, ist die aufkommende Nachrichtenflut von 100 bis 1000 zu empfangenden/auszuwertenden Nachrichten pro Sekunde, die es gilt u.a. auf Authentizität und Vertrauenswürdigkeit zu prüfen, ein Indiz dafür, welche Leistungsfähigkeit von der Architektur gefordert wird.

Ausgehend von der aktuellen C2X-Architektur zur Absicherung der direkten C2C-Kommunikation, welche digitale Signaturen für jede einzelne Nachricht vorsieht, beschäftigte sich ein Projekt des KIT (Karlsruher Institut für Technologie) mit der Entwicklung & Erprobung eines neuen Ansatzes für eine Gesamtarchitektur, welche sowohl die mathematisch notwendige Rechenleistung zur Signalverarbeitung als auch gleichzeitig die Integration der Architektur in die fahrzeuginternen Kommunikationssysteme ermöglicht. [9] S. 71ff Nachfolgend wird deren skalierbarer Systemansatz basierend auf rekonfigurierbarer Hardware FPGA (Field-programmable gate arrays) vorgestellt und diskutiert.

C2X-Kommunikationsmechanismen

Folglich des aktuellen IEEE Standard for Wireless Access in Vehicular Environments (Wave) [10] lassen sich zwei Nachrichtentypen in der Kommunikation unterscheiden:

- Cooperative Awareness Messages (CAM) und
- De -centralized Environmental Notification Messages (DENM).

Während die CAMs vom Fahrzeug dazu genutzt werden, ein aktuelles Abbild der Umgebung mit den Verkehrsteilnehmern in Form einer Local Dynamic Map (LDM) aufzubauen, verwendet man die DENMs dazu, gezielt auf kritische Verkehrssituation(z.B. Unfall, Stau, Aquaplaning) hinzuweisen. Deswegen werden nur DENMs über die C2X-Kommunikationsinfrastruktur auch an entfernte Verkehrsteilnehmer weitergeleitet. Die CAMs stellen also regelmäßig von C2C gesendete Statusnachrichten (Annahme: 10 Hz) dar, die senderspezifische Infos wie Geschwindigkeit, Ort, Fahrtrichtung, Bremslicht, Ort und sogar Scheibenwischer enthalten.

Architektur des System-on-a-Chip-Ansatzes und Einbettung ins Fahrzeug

Als Verbindungspunkt der Fahrzeug-Steuergeräte (ECUs) mit der C2X-Kommunikation wurde das zentrale Gateway (CGW) gewählt, was sowohl die kumulierte Buslast als auch Übertragungslatenzen (Sensor/Aktuator-Datenkommunikation) minimiert. Da sich die C2X- Schnittstelle aus Sicht des internen Netzwerks wie ein komplexer Sensor/Aktuator verhält, ist eine effiziente Integration in das CGW möglich.

Die im Weiteren betrachtete Architektur verfolgt das Ziel, durch einen modularen Ansatz die Gesamtapplikation in unabhängige Funktionsblöcke aufzuteilen, damit eine hohe Rechenleistung bei großem Verkehrsaufkommen gewährleitstet werden kann. Durch schrittweise Zerlegung sowohl eingehender als auch ausgehender Nachrichten, empfangen sowie verarbeiten jeweils mehrere Hardware-Module diese und übergeben sie an die nächste Stufe (siehe Abb.6).

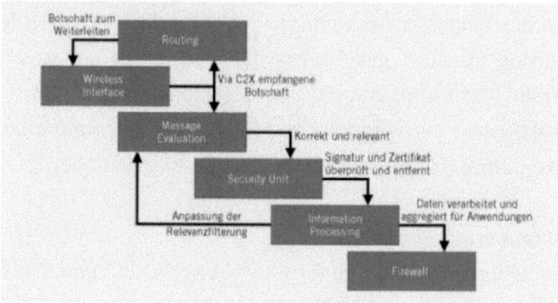

Abb. 6: Typischer Verarbeitungsablauf für eingehende C2X-Nachrichten mit virtuellem Pipelining [9] S. 73

Durch die Extension des CGW entstehen in der Architektur (Abb.7) zwei neue Kommunikations-Domänen:

- Intra-Fahrzeug (innerhalb des Fahrzeug)
- Inter-Fahrzeug (Kommunikation nach Außen)

Da die sicherheitskritische und vorwiegend zeitgesteuerte Intra-Fahrzeug Domäne von der unsicheren sowie ereignisgesteuerten Inter-Fahrzeug-Domäne abgeschottet werden muss, erfolgt die Integration einer Sicherheitshardware. Eine adäquate Trennung der Domänen wird also durch die Separation mittels Hardware-Firewall bereits auf Hardwareebene realisiert. Um den Architekturaufbau und die verwendeten Hardware-Module besser visualisieren zu können, zeigt Abbildung 7 einen schematischen Aufbau der Gesamtarchitektur.

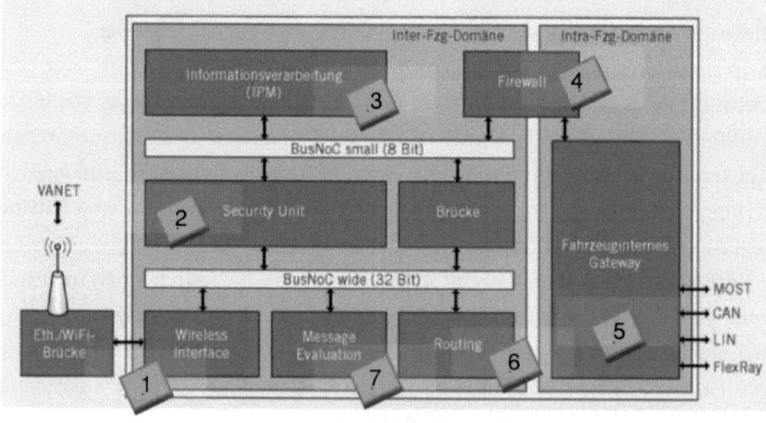

Abb. 7: C2X Kommunikationssystem auf einem FPGA [9] S. 73

- 1 WiFi-Modul:
  Schnittstelle drahtloser Kommunikation zum Empfang/Senden von Nachrichten.
- 2 Security Unit:
  Signatur-/Zertifikat-Überprüfung, Signieren eigener Nachrichten.
- 3 Informationsverarbeitung (Information Processing Module IPM):
  Software-basierte Realisierung von C2X-Applikationen einschließlich der Aggregation der Daten zur LDM.
- 4 Hardware-Firewall:
  Separation der Inter-und Intrafahrzeug-Domänen aus Sicherheitsgründen.
- 5 Zentrales Gateway:
  Modular aufgebaut; Variation der Schnittstellenanzahl möglich.
- 6 Routing Modul:
  Routing und Forwarding von Nachrichten auf dem FPGA.
- 7 Filtermodul:
  Priorisierung und Filterung von Nachrichten sowie direkte Reaktion auf bestimmte Situationen.

3.2.2 Anforderungen an die Kommunikation infolge der Architektur

Grundsätzlich lässt sich jede Kommunikationsbeziehung aller Verkehrsteilnehmer in eine der dargestellten Kategorien (Abb.8) einteilen:

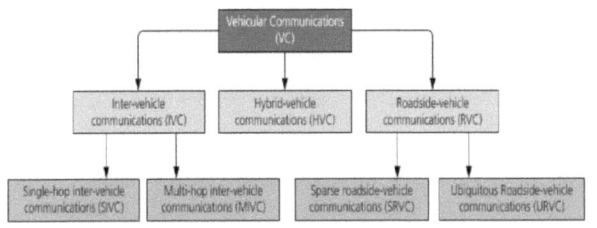 

Abb. 8: Klassifizierung der Kommunikationsbeziehungen [11]   Abb. 9: OSI-Schichtenmodell(erstellt aus [12])

Schichtenarchitektur und zugehörige Protokolle- Wireless Access in Vehicular Environments (WAVE)

Der IEEE 802.11p Standard, besser bekannt als „Wireless Access in Vehicular Environments", wurde im Jahre 2006 zur Erweiterung des bekannten WLAN Standards (IEEE 802.11-Norm) eingeführt, um die Kommunikation von Fahrzeugen mit ihrer Umgebung und Infrastruktur zu vereinheitlichen [13] S. 1.

Im Gegensatz zu anderen IEEE 802.11p Normen stellt WAVE nur einen Grunddienst zur Verfügung, führt also keine Authentifizierung durch. Datenpakete im WAVE werden mit einem Zeitstempel und der Senderposition versehen, welche mit Hilfe eines GPS-Empfängers ermittelt wird. Empfänger des übermittelten Datenpaketes überprüfen an Hand dieser Informationen die Gültigkeit des Datenpaketes. Erwähnenswert ist die Priorisierung für Notfallanfragen im Media Access Control Layer mit dem AIFS (Arbitration Interframe Access), der eine Art Warteschleife darstellt, welche nach einem Prioritätensystem den Zugang für Anfragen freigibt und so gezielt weniger kritische Anfragen blockt.

WAVE ist ein Kommunikationssystem mit Protokoll Stack (Abb.10), unterstützt TCP/IP und hat eine eigene Netzwerk- und Protokoll-Schicht. Basis ist das ISO OSI Schichtenmodell (s. Abb.9). Das Protokoll-Stack besteht aus folgenden IEEE Standards [10]:

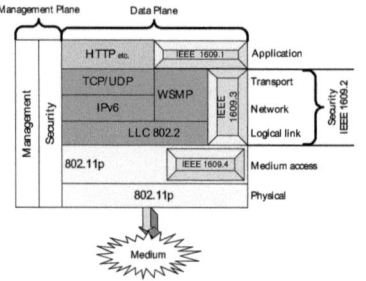
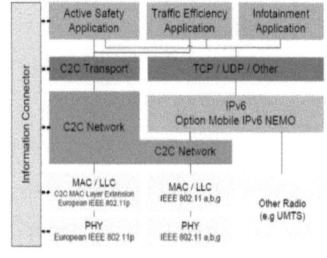

Abb. 10: WAVE Protokoll-Stack (Eigenentwurf aus[13] S. 7f)   Abb. 11: C2C-CC Protokoll-Architektur [4] S. 33

- **IEEE 1609.1**: „Quellenmanager" auf der Applikationsschicht; ermöglicht die multiplexe Kommunikation zwischen einem Sender und mehreren Empfängern.
- **IEEE 1609.2:** beinhaltet die notwendigen Sicherheitsmechanismen für die Kommunikation
- **IEEE 1609.3 [13]:** Wave Short Massage Protokoll (WSMP); stellt Netzwerk- und Transport-Protokolle zur Verfügung; Zuteilung der Kanalnummer und Kanalleistung, die beim IEEE 802.11 im MAC-Layer liegen, werden im IEEE 1609.3 übernommen und damit von der physikalisch-technischen Grundschicht in die Transportschicht (Schicht 4 – OSI-Referenzmodell) angehoben.
- **IEEE 1609.4**: Steuerkanal bzw. Kanäle für die multiple Kommunikation; liefert die Grundlage der Kommunikation

Anhand des von dem C2C-CC entwickelten Protokollarchitektur-Ansatzes (Abb.11) und den Ergebnissen der vorliegenden Arbeit, wird nun auf einige Anforderungen an die Kommunikation eingegangen.

Um eine zuverlässige Übertragung und Empfang sicherheitskritischer Informationen unter „europäischen Verkehrsbedingungen" als auch bei Relativgeschwindigkeiten bis 500 km/h zu gewährleisten, müssen zwei Typen von Kommunikationskanälen eingesetzt werden [4] S. 58ff.

 a. Geschützte/C2C-CC-gewidmete Kanäle
    Für kritische Sicherheitsinformationen (control channel CCH)
 b. Öffentliche Kanäle (spezifiziert in IEEE802.11a/b/g)
    WLAN Kommunikation auf begrenztem europäischem Frequenzband (Vgl. ETSI), sog. Service Channel (SCH)

Die Anforderung, bestimmte Frequenzbänder für Informationen zu verwenden (vgl. A1), damit niedrigste Latenzzeiten und Robustheit stets gewährleistet werden, wird hierbei verdeutlicht. Beispielsweise werden kritische Sicherheitsapplikationen (CCH) nur im 10 MHz Band von 5.885 bis 5.895 GHz gesendet, während unkritische auf zwei anderen 10 MHz Bändern von 5.855 bis 5.875 GHz kommunizieren. In der Architektur (Abb.11) ist das so umgesetzt, dass Infotainment Apps die „rechte Seite" des Stapels über TCP/UDP und IPv6 nutzen, um schnell Funkkanäle zum Empfang/Senden zu erreichen. Auf Basis experimenteller Ergebnisse des C2C-CC ist der Einsatz von Antennen, aufgrund ihres kreisförmigen Antennen-Strahlencharakters, am besten für die Funkübertragung geeignet [4] S. 60.

Im Rahmen des Sicherheitsaspekts gibt es spezielle Anforderungen an die MAC/LLC Schicht. Es müssen mehrere Kanäle für die Kommunikation zur Verfügung stehen (Multi Channel Operation) und zusätzlich zwei Funkempfänger (Dual Receiver Concept) installiert werden, damit ein gleichzeitiger Empfang von sicherheitskritischen und nicht-sicherheitskritischen Nachrichten möglich ist.

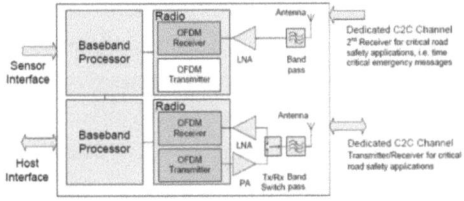

Abb. 12: Dual Receiver Concept [4] S. 62

4. Fazit

Zusammenfassend lässt sich sagen, dass die Entwicklung von Systemen und Standards in der C2X-Kommunikation in den vergangenen Jahren bereits deutlich vorangeschritten ist, vielversprechende Lösungsansätze und Systeme bereits erfolgreich getestet worden sind (vgl. [9], [14]), jedoch alle Leistungserbringer nach wie vor zentrale Herausforderungen meistern müssen. Der Elektronikhersteller Vector, Associate Member des C2C-CC, sieht dabei die neuen Technologien (z.B. WLAN IEEE 802.11p), den parallelen Einsatz verschiedener Technologien mit Datenfusion (Wireless, Radarsysteme verschiedener Reichweite, Laserscanner, bildverarbeitende Systeme u.v.m.) und die Vereinheitlichung über Herstellergrenzen bis hin zu internationalen Standards als größte Herausforderungen [15]. Neben der technischen Umsetzung sind aber auch das Thema Datenschutz und die Komplexität der Markteinführungsszenarien kritische Meilensteine auf dem Weg zur europaweiten Realisierung. Mit der stetigen Zunahme an möglichen Szenarien der C2X-Kommunikation, schier unendlicher Vielzahl sich dadurch neu eröffnender Business Cases („Big Data"), steigen kontinuierlich die Anforderungen an die Architekturen und mit Ihnen die Auswirkungen auf die Kommunikation.

5. Ausblick

Die „digitale Revolution im Automobil" [16] S. 1 ist im vollen Gange, wobei die deutsche Automobilindustrie, mit einigen der renommiertesten Marken weltweit, diese Revolution vorantreibt. Aufgrund der rechtlichen und infrastrukturellen Herausforderungen sind dabei Kooperationen von Automobilherstellern, Forschungseinrichtungen, IT-Unternehmen, Herstellern von Consumer-&Business Electronics sowie Netzbetreibern auch in Zukunft unabdingbar, um Synergieeffekte nutzen zu können. Die Vernetzung des Fahrzeugs mit seiner Umwelt als „Smartphone auf Rädern" [16] S. 24 hat das Potenzial die Mobilität der Zukunft in puncto Sicherheit, Verkehrseffizienz und Entertainment neu zu definieren, wobei das Ergebnis dieser Revolution unter Beachtung künftiger Marktentwicklungen, Geschäftsmodellen, Innovationen sowie Nutzerverhalten nur schwer vorherzusagen scheint. In ihrer Trendanalyse für das Jahr 2015 hat die MBtech Consulting GmbH die Rahmenbedingung zusammengetragen und Trends der C2X-Kommunikation herausgestellt [17] S. 3.Demnach ist eine deutliche Zunahme des Austauschs von Daten und Diensten über das Internet sowie der Kundenbedarf nach Diensten zu erwarten, womit das vernetzte Fahrzeug an

Bedeutung gewinnt. Vor dem Hintergrund der Elektromobilität und City-Cars entwickeln bereits heute Automobilhersteller, wie beispielsweise BMW mit Connected Drive (u.a. DriveNow, ParkNow) [18], Mobilitätsdienstleistungen für die Fahrer. Die EU schreibt sogar ein automatisches Notrufsystem in Neufahrzeugen, sog. Emergency-Call [19], ab 2015 gesetzlich vor.

Die Vernetzung des Fahrzeugs und damit das Thema C2X-Kommunikation sind und bleiben demnach auch in den nächsten Jahrzehnten eine der interessantesten und herausforderndsten Entwicklungen unserer Zeit.

A. Anhang

A1.Szenarien in der C2X-Kommunikation

Sicherheit

Cooperative Forward Collision Warning

Ziel des Cooperative Forward Collision Warning ist es, die Anzahl der Auffahrunfälle im Straßenverkehr zu vermeiden bzw. minimieren. Alle Fahrzeuge in der Umgebung tauschen untereinander Informationen wie Fahrzeugposition, Fahrtrichtung und Fahrzeuggeschwindigkeit aus. Jedes Fahrzeug beobachtet dabei die Aktivitäten der Fahrzeuge in seiner Nähe. Während ein Sensor den Bereich vor dem Fahrzeug berechnet, wird der Fahrer durch Ton-und Licht-Signale alarmiert, falls das Fahrzeug sich an ein anderes Fahrzeug nähert. Im Falle der Einschätzung eines bevorstehenden Crashs und der fehlenden Reaktion der Fahrer, wird das Auto automatisch abgebremst, so dass die Folgen eines Unfalls möglichst gering sind.

Daraus lassen sich folgende Anforderungen an das System ableiten:

- Die Fähigkeit aller Fahrzeuge Informationen untereinander über eine Distanz von ca. 20m bis 200m austauschen zu können, um einen Auffahrunfall vorherzusagen
- Genaue Relativ-Positionsbestimmung der Fahrzeuge
- Einschätzungsfähigkeit der Fahrzeuge, die Glaubwürdigkeit der ihnen von anderen Fahrzeugen übermittelten Informationen zu beurteilen
- Angemessene Marktdurchdringung, um einen positiven Sicherheitseinfluss zu ermöglichen

Pre-Crash Sensing/Warning

Pre-Crash Warning setzt dort an wo Cooperative Forward Collision Warning aufhört. Wird ein Unfall als unvermeidlich angesehen, so tauschen die Fahrzeuge gegenseitig Informationen über Fahrzeuggröße und -gewicht aus. Notfallsysteme wie Air-Bag oder das Gurtsysteme werden dann vor dem Aufprall so optimiert, das sie für die Insassen die bestmögliche Sicherheit garantieren können.

Dieser Use Case erfordert zusätzlich folgende Eigenschaft der Systeme:

- Eine schnelle und verlässliche Verbindung zwischen beiden Fahrzeugen, sobald ein unvermeidlicher Zusammenstoß erkannt wurde

Hazardous Location V2V Notification

Stellt ein Fahrzeug über die eingebauten Sensoren gefährliche Fahrbahneigenschaften wie Glatteis, Aquaplaning, scharfe Kurven oder andere Gefahrensituationen fest, so gibt es diese Information an Fahrzeuge in seiner Umgebung weiter. Auf diese Weise kann der Fahrer seine Fahrweise an die Straßenverhältnisse adäquat anpassen und so Risiken minimieren.

Die Hazardous Location V2V Notification erfordert demnach zusätzlich:

- Einschätzungsfähigkeit der Fahrzeuge, die Glaubwürdigkeit der ihnen von RSUs übermittelten Informationen zu beurteilen
- Fähigkeit der Fahrzeuge, Informationen zu einer konkreten geographischen Gegend über Multiple-hops (siehe Abb.3 vom DLR) teilen zu können
- Fähigkeit der Fahrzeuge, die von Multi-hops geteilten Informationen aufspüren und einschätzen/auswerten zu können

Abb. 13: Multi-Hop C2C Kommunikation [20]

Verkehrseffizienz

Enhanced Route Guidance and Navigation

Roadside Units erhalten von den Fahrzeugen in ihrer Reichweite permanent Informationen über ihre Positionen, Fahrtrichtungen und Geschwindigkeiten. Auf diese Weise können Zentralstellen Informationen über überfüllte Straßen, Staus, Baustellen, Unfälle, und Sperrungen an die Fahrzeuge zurückgeben. Infolge dieser Informationen stellt das Navigationssystem des Fahrzeugs beim Enhanced Route Guidance Navigation dem Fahrer optimale Ausweichrouten zur Verfügung.

Dieser Use Case bedingt diese weiteren Anforderungen:

- Ein Infrastrukturanbieter, der Informationen zu Verkehrsstörungen sammelt und als Aufzeichnung beibehält
- Die Fähigkeit einer RSU vorbeifahrenden Fahrzeugen entsprechenden Service anzubieten

Green Light Optimal Speed Advisory

Durch fest installierte Einheiten an Kreuzungen können innerhalb des Stadtverkehrs Informationen über Grünphasen ins Netz übertragen werden, so dass dem Fahrer die optimale Geschwindigkeit des Fahrzeugs vorgeschlagen werden kann. Durch selteneres Stoppen der Fahrzeuge kann so neben einem besseren Verkehrsfluss im Stadtverkehr auch eine erhöhte Wirtschaftlichkeit im Kraftstoffverbrauch erreicht werden.

Das Green Light Optimal Speed Advisory bedarf:

- Einschätzungsfähigkeit der Fahrzeuge, die Glaubwürdigkeit der ihnen von Ampeln übermittelten Informationen zu beurteilen
- Eine sich ankündigende Kreuzung, welche ihre Kreuzungsposition, Ampelphase und zeitliche Koordinierung für jede Fahrtrichtung und Fahrspur mit individuellem Signal-Timing bereitstellt

V2V Merging Assistance

Beim Einordnen auf eine Fahrbahn und dem Spurwechsel eines Autos findet eine Kommunikation zwischen den Fahrzeugen statt. Durch geeignete Manöver der Fahrzeuge auf der Fahrbahn und dem einfahrenden Auto, kann die optimale Fahrzeuggeschwindigkeit bestimmt werden, um den Verkehrsfluss aufrecht zu erhalten und Sicherheit zu gewährleisten. Erweiterbar wäre der Use Case durch Steuerung des Verkehrs auf der Zufahrtsstraße, um den Zugang nur bei existierender „Fahrbahnlücke" zu erlauben.

Dieser Einordnungs-Assistent erfordert vom System:

- Fähigkeit aller Fahrzeuge Informationen über eine geeignete Entfernung untereinander austauschen zu können, um Einordnungs-Manöver auszuführen
- Fahrzeuge, die Maßnahmen/Aktionen zustimmen, um einordnenden Fahrzeugen Platz zu lassen

Infotainment

Internet Access in Vehicle

Über die Netzverflechtung zwischen den Fahrzeugen und den RSUs, welche über einen Internetanschluss verfügen, wird eine Multi-hop Verbindung aufgebaut, die als Internet Gateway fungiert. Dies ermöglicht alle Arten von IP basierenden Services und ermöglicht den uneingeschränkten Internetzugang im Fahrzeug.

Der besagt Internetanschluss im Fahrzeug benötigt im System:

- Die Fähigkeit eines Fahrzeuges sich mit einer RSU zu verbinden, die über eine Internetverbindung verfügt
- Die Möglichkeit des Fahrzeugs Internet Services über die RSU abzurufen
- Die Möglichkeit eines Fahrzeuges Nachrichten mithilfe des multi-hop an RSUs weiterzuleiten, auch wenn beide nicht direkt miteinander kommunizieren können
- Eine dynamische Leitungswartung, welche die notwendige Qualität der Serviceparameter sicherstellt und die Multi-hop Leitung wenn nötig einregelt
- Ein regulärer Hotspot, der mit WLAN IEEE 802.11 a, b, g kommuniziert

Point of Interest Notification

Die Point of Interest Notification ermöglicht die gezielte Verbreitung verschiedenster lokaler Informationen zu Geschäften, Touristenattraktionen und anderen Sehenswürdigkeiten im näheren Umkreis über RSUs, so dass Passagiere diese erhalten. Intelligente Filter müssen jedoch eingerichtet werden, um Ablenkungen durch unnötige Informationen zu vermeiden. Dabei ergeben sich Vorteile, wie die gezielte Suche nach der günstigsten bzw. nächsten Tankstelle bei Kraftstoffknappheit und die gezielte Werbung lokaler Attraktionen, anstatt kaum sinnvoller FM-Sendung hunderte Kilometer entfernt.

Der PoI-Notification Use Case erfordert zusätzlich:

- Die Fähigkeit der RSU Informationen an Fahrzeuge in der Umgebung zu senden

Remote Diagnostics

Über Remote Diagnostics kann die Heimwerkstatt technische Informationen und Fehlercodes des Fahrzeugs auslesen, falls das Fahrzeug einmal liegen geblieben ist. So kann dem Fahrer über Ferndiagnose ggf. ein Abschleppdienst erspart bleiben.

A2.ITS Referenzarchitektur

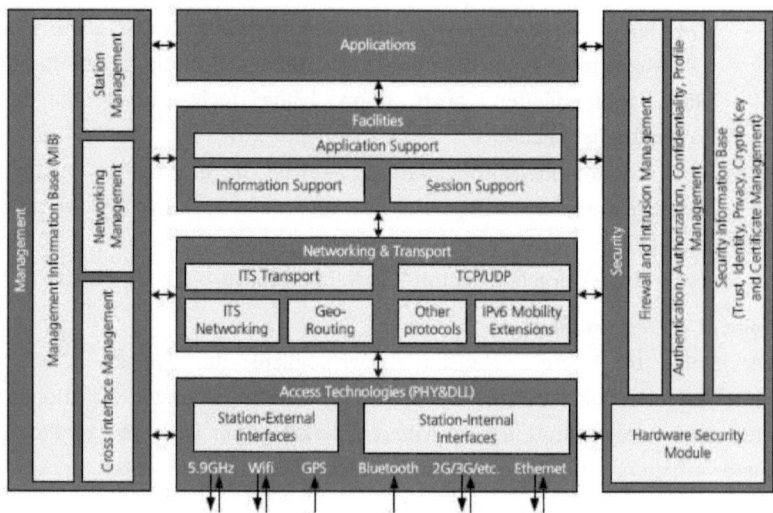

Abb. 14: ITS Referenzarchitektur (erstellt aus [5] S. 36ff)

A3.Statistik Verkehrstote Europa 2013

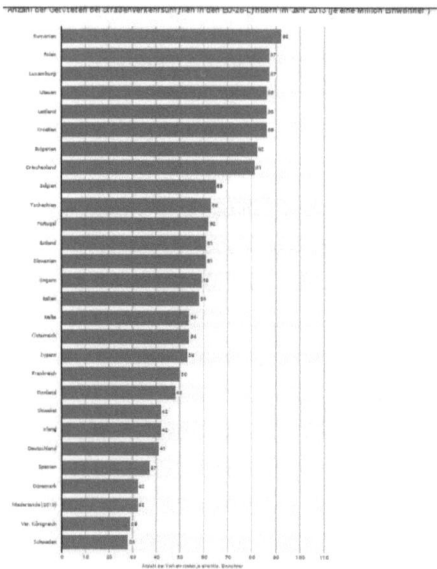

Abb. 15: Verkehrstote Europavergleich

B. Literaturverzeichnis

[1]   REUTERS NACHRICHTENAGENTUR: *EU-VORSCHRIFT Strengere Klimavorgaben für PKW beschlossen.* URL

http://www.handelsblatt.com/politik/international/eu-vorschrift-strengere-klimavorgaben-fuer-pkw-

beschlossen/8401302.html – Überprüfungsdatum 2014-07-01

[2]   STATISTISCHES BUNDESAMT: *Unfallentwicklung auf deutschen Strassen 2012.* Berlin, 10.07.2013. URL

www.destatis.de – Überprüfungsdatum 2014-06-22

[3]   STATISTA: *Anzahl der Getöteten bei Straßenverkehrsunfällen in den EU-28-Ländern im Jahr 2013 (je eine Million

Einwohner).* URL http://de.statista.com/statistik/daten/studie/30164/umfrage/verkehrstote-in-europa/ –

Überprüfungsdatum 2014-07-01

[4]   CAR 2 CAR COMMUNICATION CONSORTIUM: *CAR 2 CAR Communication Consortium Manifesto v1.1 : Overview of

the C2C-CC System* (2007) – Überprüfungsdatum 2014-06-22

[5]   COMESAFETY: *D31 European ITS Coomunication Architecture : Overall Framework* (2009) – Überprüfungsdatum

2014-06-22

[6]   CAR 2 CAR COMMUNICATION CONSORTIUM: *Mission & Objectives.* URL http://www.car-2-car.org/index.php?id=5&L=

– Überprüfungsdatum 2014-06-22

[7]   CAR 2 CAR COMMUNICATION CONSORTIUM: *Consortium Members.* URL http://www.car-2-

car.org/index.php?id=members – Überprüfungsdatum 2014-06-22

[8]   CONTINENTAL: *Ein vernetztes Auto von Cisco und Continental.* URL http://www.netzwoche.ch/de-

CH/News/2013/08/26/Ein-vernetztes-Auto-von-Cisco-und-Continental.aspx – Überprüfungsdatum 2014-06-22

[9]   SIEBENPFEIFFER, Wolfgang: *Vernetztes Automobil : Sicherheit - Car-IT - Konzepte.* Wiesbaden : Springer Vieweg,

2014

[10]   IEEE STANDARDS ASSOCIATION: *1609 WG - Dedicated Short Range Communication Working Group.* URL

http://standards.ieee.org/develop/wg/1609_WG.html

[11]   SICHITIU, Mihail ; KIHL, Maria: *Inter-vehicle communication systems: a survey.* In: *IEEE Communications Surveys &

Tutorials* 10 (2008), Nr. 2, S. 88–105

[12]   ZIMMERMANN, H.: *OSI Reference Model--The ISO Model of Architecture for Open Systems Interconnection.* In: *IEEE

Transactions on Communications* (1980), Nr. 4, S. 425–432

[13]   INTELLIGENT TRANSPORTATION SYSTEMS (ITS) COMMITTEE OF THE IEEE VEHICULAR SOCIETY: *IEEE Trial-Use Standard

for Wireless Access in Vehicular Environments (WAVE)--Networking Services* (2007) – Überprüfungsdatum 2014-

06-25

[14] simTD-Konsortium: *Projektergebnisse des simTD*. URL

http://www.simtd.de/index.dhtml/deDE/backup_publications/Projektergebnisse.html – Überprüfungsdatum 2014-06-
22

[15] Vector Informatik GmbH: *Car2x als Herausforderung der Automobilindustrie*. URL

https://vector.com/vi_car2x_de.html – Überprüfungsdatum 2014-06-22

[16] Verband der Automobilindustrie e.V.: *Vernetzung : Die digitale Revolution im Automobil* (2012) –

Überprüfungsdatum 2014-06-06

[17] MBtech Consulting GmbH: *Trendanalyse Vernetztes Fahrzeug 2015 : Die wichtigsten Trends und

Herausforderungen in der Fahrzeugtelematik*. (2011) – Überprüfungsdatum 2014-06-06

[18] BMW Group: *BMW Connected Drive : Vernetzt mit Ihrer Welt*. URL http://www.bmw.de/de/topics/faszination-

bmw/connecteddrive-2013/ubersicht.html – Überprüfungsdatum 2014-06-22

[19] Europäische Kommission: *eCall: Automatischer Notruf für Verkehrsunfälle ab 2015 Pflicht in Autos*. URL

http://europa.eu/rapid/press-release_IP-13-534_de.htm – Überprüfungsdatum 2014-06-22

[20] Deutsches Zentrum für Luft-und Raumfahrt e.V.: *Multihop car-to-car communication*. URL

http://www.dlr.de/media/en/desktopdefault.aspx/tabid-4988/8425_page-2//8425_read-7304 – Überprüfungsdatum

2014-06-22

C. Abbildungsverzeichnis